Vente du Samedi 13 Mars 1869

OEUVRES DE PIERRE-HENRY DANLOUX

SES TABLEAUX, DESSINS & ÉTUDES

TABLEAUX ANCIENS

BELLE OEUVRE

Par *François SNEYDERS*

EXPOSITION PUBLIQUE

Le Vendredi 12 Mars 1869

Mᵉ CHARLES PILLET
COMMISSAIRE-PRISEUR

M. FEBVRE
EXPERT

SUCCESSION DE PIERRE-HENRY DANLOUX

CATALOGUE

DE SES

TABLEAUX

ETUDES & DESSINS

TABLEAUX ANCIENS DE BONS MAITRES

PARMI LESQUELS UNE

ŒUVRE IMPORTANTE, PAR FRANCOIS SNEYDERS

Quelques Productions des Maîtres flamands du XVᵉ siècle.

DESSINS ET GRAVURES ANCIENNES

Vente aux Enchères publiques

HOTEL DES VENTES, RUE DROUOT, SALLE N° 8

Le Samedi 13 Mars 1869

A DEUX HEURES

Par le ministère de Mᵉ CHARLES PILLET, Commissaire-Priseur,
rue Grange-Batelière, 10.

Assisté de M. FEBVRE, Expert, 14, rue Saint-Georges,
Chez lesquels se distribue le Catalogue.

EXPOSITION PUBLIQUE
Le Vendredi 12 Mars, de une heure à cinq heures.

CONDITIONS DE LA VENTE

Elle sera faite au comptant.

Les acquéreurs payeront *cinq pour cent* en sus des adjudications.

L'exposition mettant le public à même de se rendre compte de
état des objets, il ne sera admis aucune réclamation une fois
adjudication prononcée.

Paris. — Imprimerie de Pillet fils aîné, rue des Grands-Augustins. 5.

Danloux (Pierre-Henri), né à Paris, en 1753, eut pour
maître Lépicié et Vien. Ses premières études achevées, il se
rendit à Rome. Là, il exécuta plusieurs portraits de personnages célèbres, ce qui commença sa réputation et lui permit
de visiter tous les musées d'Italie, où son goût et son talent
ne manquèrent pas de se perfectionner. Revenu en France
vers 1790, il se vit quelque temps après, par suite des évé-
nements politiques obligé de s'expatrier en Angleterre,
où il fut promptement connu comme un des meilleurs
portraitistes de son époque. Il peignit entre autres les portraits du prince de Galles, du duc d'York et quelques-uns
des principaux personnages de la cour. De Londres il passa
à Edimbourg, où il fit les portraits du comte d'Artois, des
ducs d'Angoulême, de Berry et de Bourbon.

C'est de son séjour en Angleterre que datent ses tableaux
de chevalet : *le Petit Savoyard, la Curieuse, le Gourmand,*

etc. Il exécuta en outre vers la même époque celles de ses grandes toiles qui sont connues sous le nom *du Déluge*, de *la Vestale*, un épisode tiré de *la Pitié* par Delille ; les portraits de l'évêque de Saint-Pol et quelques autres qui, rapportés en France à son retour, eurent alors, notamment *la Vestale*, un très-grand succès aux salons où ils furent exposés.

Danloux, par les études de sa jeunesse comme par sa manière, se rattachait surtout à l'école des peintres français de la seconde moitié du xviiᵉ siècle.

Il mourut à Paris en 1809.

A. F.

OEUVRES

PAR

PIERRE-HENRY DANLOUX

1 — La Vestale, figure de grandeur naturelle, sujet gravé.

Delille dans son Poëme de la Pitié parle ainsi de Danloux :

« Nous pleurons quand Danloux dans la fosse fatale,
« Plonge, vivante encore, sa charmante vestale. »

2 — Episode de la *Pitié*, du poëme de Delille; composition capitale, personnages de grandeur naturelle.

3 — Portrait de lady W***, représentée en buste, de face; elle porte un vêtement de l'époque du Directoire.

4 — Le Petit Savoyard. 1777.

5 — Le Petit Gourmand.

6 — Portrait de Mlle Guimard, célèbre danseuse, morte en 1816.

7 — Portrait de Mlle B. A., représentée en buste, coiffée d'un turban rouge.

8 — Portrait de lady H., en costume d'amazone.

9 — Portrait de Jacques Delille.

Ebauche.

10 — Portrait de la femme de Jacques Delille.

Ebauche.

11 — Portrait du comte de Saint-Albin; époque de la ré·volution.

Esquisse.

12 — Portrait d'un jeune Chinois, représenté en buste.

13 — Jeune servante lyonnaise.

14 — Portrait de Mme de S., en buste, vue de profil.

15 — Portrait d'une jeune dame.

Ebauche.

16 — Jeune femme assise; modèle pour le tableau de la Vestale.

17 — Trois petites têtes dans un même cadre, la famille D***.

18 — Tête de chevreuil.

Etude.

19 — Portrait en buste du comte de Provence; depuis Louis XVIII.

Crayon.

20 — Portrait de M. H.

Dessin aux deux crayons.

TABLEAUX

ANCIENS

PROVENANT DE LA SUCCESSION DANLOUX

~~~~~~~~~~~~~~~

ASSELYN

(JEAN)

24 — Campagne italienne; sur le devant, une rivière que
passent à gué un muletier et un pâtre conduisant des
animaux.

Derrière ce tableau on lit l'inscription suivante de la
main de Danloux :

« Ce joli paysage de l'école hollandaise, un des meilleurs
de ce maître, plut tellement à M. Taunay, un des plus
habiles paysagistes actuel, qu'il me l'emporta pour en
faire une copie; il m'a coûté 450 francs en 1794. »
~~~~~~~~~~~~~~~

CARRACHE

(D'APRÈS A.)

22 — Le Crucifiement de saint Pierre.

GOYEN

(GENRE DE VAN)

23 — Paysage avec cours d'eau.

GREUZE

(JEAN-BAPTISTE)

24 — Portrait de Mozart enfant.

LANCRET

(D'APRÈS NICOLAS)

25 — Causerie dans un parc ; scène de mascarade.

MARTIN

(LE JEUNE)

26 — Fête donnée par Louis XV au Petit Trianon.

MEULEN

(VAN DER)

27 — Portrait équestre de Louis XIV. —On aperçoit, dans le fond, une ville fortifiée.

SABLET

28 — Danloux terminant un tableau.

TILBORGH

(GILLES VAN)

29 — Villageois attablés à la porte d'une habitation ; ils écoutent un mendiant qui joue du violon.

VERNET

(JOSEPH)

30 — Vue des cascatelles de Tivoli ; tableau de réception à l'Académie de Rome.

Nous trouvons derrière ce tableau la [note suivante de la main de Danloux : Étude de l'une des cascatelles de Tivoli, provenant du cabinet de M. Godefroy, où elle a été vendue en 1794, 1,500 francs.

VERNET

(GENRE DE)

31 — Marine et Plage.

VLEUGELS

(NICOLAS)

32 — Le Roi Salomon sacrifiant aux idoles.

INCONNU

33 — La Vierge et sainte Élisabeth.

ÉCOLE ITALIENNE

34 — La Nativité.

35 — Portrait de Charles-Philippe de France, frère du roy.

Gravure.

OBJETS DIVERS

36 — Quatre salières en émail de Saxe.

MINIATURES

DESSINS & GRAVURES ANGLAISES

37 — Sur ivoire. — Portrait de Mme de Grignan, par Dumont, d'après Mignard.

38 — Sur cuivre. — Jeune dame de l'époque de Louis XIII.

39 — Fixé par Bilcoq. — Jeunes amants chez une nécromancienne.

40 — Dessins en feuilles des Écoles anciennes.

41 — Quelques gravures en feuilles.

42 — Ouvrages illustrés.

TABLEAUX

ANCIENS

PROVENANT EN PARTIE DE L'ÉTRANGER

~~~~~~~~~~~~~~

BOUCHER

(ÉCOLE DE F.)

43 — Nymphes endormies dans un paysage.

BELLINI

(ÉCOLE DE JEAN)

44 — Saint Thomas et saint Barthélemy, représentés en
buste.
~~~~~~~~~~~~~~

BERGHEM

(NICOLAS)

45 — Animaux conduits par un pâtre, traversant une rivière.

OEuvre décrite dans Smith. Signé.

BERGHEM

(NICOLAS)

46 — Le Passage du gué. Signé.

BLOCK

(EUGÈNE DE)

47 — Intérieur d'estaminet.

BREUGHEL & ROTTENHAMMER

48 — Paysage, avec figures.

Allégorie des éléments.

CUYLENBURG

49 — Les Dieux de l'Olympe.

CUYP

(ALBERT)

50 — Bergers gardant des moutons.

CUYP

(ATTRIBUÉ A ALBERT)

51 — Paysage, avec repos d'animaux.

DOES

(JACQUES VAN DER)

52 — Paysage, avec villageoise gardant des moutons.

DROGSLOOT

53 — Kermesse sur la place d'un village; grande quantité
de figures.

Signé et daté.

FALENS

(ÉCOLE DE VAN)

54 — Cavaliers arrêtés à la porte d'une hôtellerie.

TERBURG

(GÉRARD)

55 — Portrait d'un gentilhomme hollandais.

GOES

(HUGUES VAN DER)

56 — Magnifique triptyque.

> Le volet du centre représente la Nativité : à gauche, l'Annonciation ; à droite, la Circoncision. Sur plusieurs endroits est répété le monogramme du maître.

GOLTZIUS

(HENRI)

57 — La Vierge, Jésus et des Anges.

Très-belle qualité du maître.

GUERCINO

58 — Saint Sébastien percé de flèches.

59 — Saint André sur sa croix.

GRIFF

60 — Chasseur, Chien et Gibier dans un paysage.

LARGILLIÈRE

(NICOLAS)

61 — Portrait en buste de Jean Forest, peintre du roi, et beau-père de Largillière.

> Représenté assis, tenant une palette.
> Gravé par Drevet.

LARGILLIÈRE

(ATTRIBUÉ A NICOLAS)

62 — Portrait de femme.

LEPRINCE

(LE VIEUX)

63 — Jeune Femme dans un parc.

MEER DE DELFT

(ATTRIBUÉ A)

64 — Dame hollandaise occupée à faire de la dentelle.

MORALÈS

(ATTRIBUÉ A)

65 — Le Christ au Roseau.

MOUCHERON

(FREDERICK)

66 — Paysage accidenté, avec pâtres et animaux.

NEER

(ARTHUR VAN DER)

67 — Paysage avec rivière ; clair de lune.

Charmante production.

NEER

(ATTRIBUÉ A ARTHUR)

68 — Paysage ; site hollandais ; effet de lune.

NUYTS-PLATZER

69 — La Tentation de saint Antoine.

OEuvre curieuse par l'originalité de sa composition ;
parfaite conservation.

Signé en toutes lettres, en bas, à droite.

PORBUS

(LE JEUNE)

70 — Portrait d'une dame hollandaise, portant large colle-
rette et guipures.

RAVESTEIN

71 — Portrait en buste d'une dame hollandaise.

SCHOTEL

(J.-C.)

72 — Marine; mer houleuse.

SIMONINI

73 — Chocs de cavalerie.

Deux pendants.

SNAYERS

74 — Bataille des Trente.

Bonne qualité du maître.

SNEYDERS

(FRANÇOIS, figures attribuées à Rubens)

75 — Marché aux poissons.

Sur un étal, des poissons de toutes sortes; en bas, à terre, deux phoques vivants, puis un baquet avec d'autres poissons; le marchand cause avec un acheteur auquel il présente une raie; à droite apparaît un chien, fond avec bras de mer.

Très-belle œuvre.

TOYON

76 — Moutons dans une prairie.

VELDE

(GUILLAUME V. DE)

77 — Marine; calme.

VELASQUEZ

(ATTRIBUÉ A)

78 — Portrait en buste d'un gentilhomme espagnol.

VÉENIX

(JEAN-BAPTISTE)

79 — Pigeons morts et autres oiseaux.

ÉCOLE ESPAGNOLE

80 — Portrait de femme.

ALBANE

(ÉCOLE DE F.)

81 — La vierge, Jésus et des anges.

ALDEGRAEVER

82 — Portrait d'un docteur allemand, superbe qualité du maître.

BENEDETTO

(CASTIGLIONE)

83 — L'adoration des bergers.

BENT

(VAN DER)

84 — Animaux au repos gardés par une villageoise.

BUDELOT

(SIGNÉ)

85 — Entrée de bois avec route.

BOUCHER

(D'APRÈS)

86 — Le berger galant.

BRAMER

(LÉONARD)

87 — Ambassadeur présenté à un monarque.

BRAUWER

(ADRIEN, ATTRIBUÉ A)

87 bis — Chirurgien flamand opérant un villageois.

DAUBIGNY

88 — Paysage avec cours d'eau.

GRIFF

89 — Oiseaux morts et fleurs.

HALS

(DIRCK)

90 — Fête dans un parc.

HERBSTHAFFER

91 — Après la victoire.

LAAR

(PIERRE DE)

92 — Soldats sur des remparts.

LANFRANCO

93 — Saint Gérôme en prière.

MARTIN

(LE VIEUX)

94 — Escarmouche à l'entrée d'un bois.

MOLENAER

(GENRE DE JEAN)

95 — Estaminet hollandais.

MORALÈS

(GENRE DE EL DIVINO)

96 — Saint-François priant.

NEER

(ARTHUR VAN DER)

97 — Village hollandais, effet de lune.

PETERS

(CLARA)

98 — Légumes et fruits sur une table.

REYNOLDS

(W.)

99 — Près Caen.

ROLAND

(SAVERY

100 — Paysage avec le sujet de la fuite en Égypte.

100 *bis* — Même sujet pendant du précédent.

STRY

(ATTRIBUÉ A VAN)

101 — Repos d'animaux sur le bord d'une rivière.

TASSI

102 — Paysage avec personnages antiques.

FISCHBEIN

103 — Famille réunie autour d'une table.

VENNE

(ADRIEN VAN DER)

104 — Danse de gueux.

105 — Soldats et courtisannes.

VERSCHURING

106 — Halte de chasseurs près d'une habitation.

WINCK

107 — Fleurs et fruits sur une table.

WIT

(FRANÇOIS DE)

108 — Personnages hollandais assis à l'entrée d'un parc.

VOYS

(ARI DE)

109 — Portrait d'un personnage hollandais.

WOUVERMAN

(GENRE DE PIERRE)

110 — Marché aux chevaux, composition capitale.

112 — Cavaliers arrêtés à la porte d'une hôtellerie.

ZURBARAN

111 — Portrait d'un évêque.

INCONNU

113 — Femme nue sur un lit de repos.

ÉCOLE MODERNE

144 — Deux paysages, vues de Suisse.

ÉCOLE ALLEMANDE

115 — Homme vu en buste le coude appuyé sur un livre.

ÉCOLE ITALIENNE

116 — Noé faisant un sacrifice.

117 — Portrait d'un magistrat.

ÉCOLE ESPAGNOLE

118 — Saltimbanque sur une place publique le jour d'un
marché ; grand nombre de personnages..

119 — Moine montrant des reliques sur une place publique
à Séville.

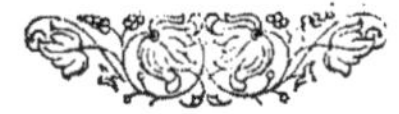